WITHDRAWN

© 2008, Editorial Corimbo por la edición en español
Av. Pla del Vent 56, 08970 Sant Joan Despí, Barcelona
e-mail: corimbo@corimbo.es
www.corimbo.es
Traducción al español de Rafael Ros
1ª edición Octubre 2008
© 2008, l'école des loisirs, París
Título de la edición original: «Le loup qui voulait être un mouton»
Impreso en Bélgica por Daneels
ISBN: 978-84-8470-311-2

Mario Ramos

EL LOBO QUE QUERÍA SER UNA OVEJA

Corimbo

—**Q**uiero ser una oveja…
—comenta Pequeño Lobo.
Los otros lobos estallan de risa.

Ya que se ponen así, Pequeño Lobo se calla.
—De todas maneras, son demasiado animales
para entender —piensa.

**Pequeño Lobo sueña con salir
del bosque y volar por el cielo.**

Pero para volar hacen falta alas
y los lobos no tienen.
No obstante,
Pequeño Lobo ha observado bien
a las ovejas: ellas tampoco tienen alas,
sin embargo, algunas veces vuelan.

Hoy, Pequeño Lobo se ha disfrazado de oveja.
A cuatro patas en el prado,
mastica una brizna de hierba.
—¡Qué malo! —piensa.

Las ovejas le miran, desconfiadas.
Pero visto desde arriba,
la ilusión debe ser perfecta.

En efecto, Pequeño Lobo no ha de esperar
mucho rato. El águila real se lanza sobre él
y despegan.

¡Qué extraordinaria sensación!
Pequeño Lobo apenas reconoce su bosque.
Por primera vez ve los campos, los ríos,
los lagos, las montañas.
Jamás hubiera creído
que la tierra fuera tan grande.

De repente, el águila lo abandona
en lo alto de la montaña.

Un silencio inquietante le hiela el corazón.
Pequeño Lobo mira los huesos que le rodean
y, de repente, se da cuenta de que el águila
se lleva a las ovejas para devorarlas.

Furioso por no haberlo comprendido antes,
Pequeño Lobo tira todo lo que le rodea al vacío.
Se quita el disfraz y grita:
—¡Cabeza de chorlito! ¿Por quién me tomas?
¡Yo no soy una oveja!
Y no me dejaré comer así como así.
—Pero sólo el eco le responde.

**Pequeño Lobo se calma y reflexiona:
—He de encontrar una solución para salir de aquí
antes de que ese malvado pájaro regrese.**

Detrás de una roca, Pequeño Lobo descubre
un agujero sombrío y estrecho.
No le hace gracia, pero no tiene elección.
Se acuclilla y, valientemente,
se adentra en las entrañas de la montaña.

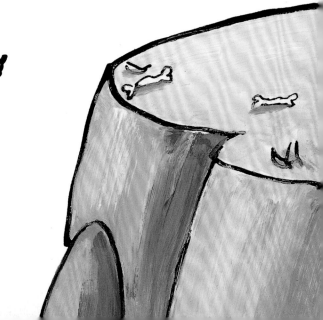

Al cabo de una eternidad de arrastrarse
en la oscuridad, ha de parar.
La galería ha quedado atascada
por un desprendimiento.
Pequeño Lobo tiene ganas de llorar.

Con rabia, empuja con todas sus fuerzas
para despejar el camino.

Cae al vacío.

Por suerte, Pequeño Lobo consigue
agarrarse a un arbusto y se queda suspendido
entre el cielo y la tierra.

—¡Socorro, socorro! —grita.
Pero nadie responde.
Cae la noche.
Las horas transcurren lentamente.

Al romper el alba,
los pájaros empiezan a cantar.

Pequeño Lobo ve cómo
sus fuerzas le abandonan.
Cierra los ojos y se deja caer.

Su caída termina en medio de las ovejas.
—¡El lobo! ¡El lobo! ¡Socorro!
—gritan las ovejas asustadas,
huyendo en todas direcciones.

**Pequeño Lobo se levanta
y se sacude el polvo de su pelaje.
Se pone en camino tranquilamente y dice:**

—Por supuesto que soy un lobo.
¡Pero no cualquier lobo!
¡Yo he tocado las nubes!